I0476613

GANADOR O PERDEDOR:

Todas las cosas que debes saber para invertir en todos los Mercados Internacionales Bursátiles

…y algo más.

(Versión en castellano)

INCLUYE EJEMPLOS DE CASOS REALES

RUFINO VILLÉN FERNÁNDEZ

CONTENIDO:

1. SOBRE EL AUTOR

Rufino Villén Fernández, nació en España en el año 1976. Está Diplomado en Ciencias Empresariales (2000), Licenciado en Administración y Dirección de Empresas (2002), por la Universidad Politécnica de Cartagena (UPCT) y, Máster y Posgraduado Universitario en Ergonomía y Psicología Aplicada.

Así mismo, durante sus años académicos en la Universidad Politécnica de Cartagena, participó como colaborador (1996-1997) y alumno interno (1997-1998) para el Departamento de Métodos Cuantitativos para la Economía de la Universidad de Murcia.

Por otro lado, y a la misma vez durante su etapa universitaria, estuvo trabajando desde 1998 hasta 2002 en el sector bancario con algunos de los bancos más importantes a nivel internacional.

Su vida laboral ha dado giros sorprendentes, ampliando la polivalencia en diversas disciplinas, desde el sector bancario y financiero hasta su paso y desarrollo profesional trabajando para el Ministerio de Defensa en el Ejército del Aire Español.

Así mismo, ha estado trabajando en el mundo de la docencia, como profesor de matemáticas, estadística y economía, así como en programas de formación enseñando "Técnicas para la búsqueda de empleo".

Además, ha aprovechado toda oportunidad donde pudiera estar involucrado activamente en la participación en eventos y proyectos de voluntariado, desarrollando y compartiendo actividades con niños con dificultades, minusvalías, sin hogar o sin recursos, así como en otras actividades de interés social.

Ha estado años viajando por diversos países a nivel internacional, conociendo gran parte de Europa, Latinoamérica y Rusia, siempre con el objetivo y el afán de aprender y conocer directamente y en primera persona, la cultura y costumbres originales del país.

El 17 de noviembre de 1999, realizó su primera inversión en la bolsa española. No se le olvidará. Fue con las famosas acciones "Terra", y sí, el resultado fue muy satisfactorio. Seguramente en aquellos tiempos, no tenía los conocimientos y habilidades sobre inversión que posee ahora. Puesto que, en cierta medida, la práctica y la experiencia durante estos años le han conducido a desarrollar nuevas técnicas y métodos de inversión.

Han pasado muchos años desde su primera inversión hasta hoy, y se ha evolucionado mucho en sistemas tecnológicos, y por supuesto, se dispone de mucha más información y herramientas al alcance de todo el mundo respecto a la información y herramientas que pudieron existir en los años de su comienzo en Bolsa.

Es por ello, que desde 1999, está dedicado a la investigación y al estudio constante de diversas disciplinas, entre las que destacan las encaminadas al mundo de los mercados bursátiles y económicos-financieros, es decir, lo que comúnmente se denomina la "Bolsa", así como a otros tipos de productos financieros de tipología similar como depósitos, CFD, Forex, planes de pensiones, fondos de inversión, hipotecas, etc.

Su gran capacidad adaptativa y multidisciplinar, le han hecho merecedor de gran prestigio y reconocimiento en aspectos económicos y financieros entre sus amigos, compañeros y aquellas otras personas con las que directamente ha participado y le han conocido a lo largo de estos años, y a los que siempre ha estado dispuesto a ayudar en todo momento.

2. SOBRE EL LIBRO

Uno de los motivos por los que se ha elaborado este libro es, entre otros, para demostrar que si TÚ realmente estas interesado por invertir o rentabilizar tus ahorros en la Bolsa, podrías conseguirlo a través de la utilización de un "sistema" básico, así como de unas pequeñas pautas a seguir.

En este libro se plasma la utilización de un "sistema" simple como herramienta de inversión capaz de utilizarse en lo que se puede denominar "Bolsa tradicional" a nivel nacional e internacional, donde a su vez, este "sistema" se podría implementar para hacer una comparativa entre otros productos que tienen relación directa con la Bolsa y que te ofrecen los "intermediarios" (bancos, agencias de seguros, etc.), y que, en ocasiones, los productos que nos ofrecen estos "intermediarios" se ponen en duda porque pensamos que no tenemos los conocimientos adecuados para poder valorarlos.

Por otro lado, a pesar de disponer en el mercado de miles de libros que hablan sobre Bolsa, a todos los niveles, y en los que se explican una enorme cantidad de métodos, sistemas, estrategias y demás destrezas para hacerse ricos, millonarios u otras analogías, en este libro no se va a valorar si vas a conseguir hacerte rico invirtiendo en Bolsa, pues, como tú mismo conoces en la vida real, eso tan sólo dependerá de TI.

En este libro se va a potenciar que, de una forma simple y sencilla, sin un alto conocimiento académico o de términos financieros, puedas ser capaz de ir asimilando un nuevo concepto de entender el "mundo de la Bolsa" o "mundo de las inversiones".

Podría darse el caso que, en otros libros sobre Bolsa, hubieras tenido ciertas dificultades en la lectura y comprensión, y por tanto, perdieses la oportunidad de llevarlos a la práctica. Por ello, con este libro, se solucionarán algunos problemas comunes que se podrían plantear en otros libros como serían:

- Por lo general, los libros más interesantes para comenzar a aprender sobre el mundo de la Bolsa, son libros técnicos y están enfocados para profesionales del sector.

- Normalmente las "plataformas" (aplicaciones o programas) utilizadas para invertir en Bolsa, ofrecen una gran cantidad de información, herramientas y datos que, seguramente, la gran mayoría de los que están empezando en el mundo de la Bolsa no son capaces de entender por completo la terminología utilizada, debido a que la mayor parte de terminología que se usa en estas plataformas está basada en las matemáticas o estadística. Si a esto le sumamos, que las plataformas puede darse el caso de que no estén disponibles en nuestro país, el resultado que podemos alcanzar podría ser un caos.

- Por otro lado, las empresas o casos didácticos en los que se centran las inversiones en otros libros son, generalmente, empresas de ese país, olvidándose de las empresas internacionales de otros países.

Con el objetivo de solventar algunos de estos problemas comunes y que pueden aparecer en otros libros, se ha considerado editar y publicar, al mismo tiempo, este libro en tres versiones diferentes. Por ello, va a estar disponible esta versión en castellano "**GANADOR O PERDEDOR:** Todas las cosas que debes saber para invertir en todos los Mercados Internacionales Bursátiles... y algo más", una versión en inglés "**WINNER OR LOSER:** Everything you need to know to invest in International Stock Exchange... and something else", y otra versión en ruso "**ПОБЕДИТЕЛЬ ИЛИ НЕУДАЧНИК:** все, что Вам нужно знать о том, как инвестировать в Международные Фондовые Биржи... и еще кое-что".

La gran particularidad que presentan estos tres libros, es que en cada versión se han incluido algunos ejemplos de CASOS REALES con diferentes empresas.

Por consiguiente, y en cierto modo, los libros "**WINNER OR LOSER:** Everything you need to know to invest in International Stock Exchange... and something else", y **ПОБЕДИТЕЛЬ ИЛИ НЕУДАЧНИК:** все, что Вам нужно знать о том, как инвестировать в Международные Фондовые Биржи... и еще кое-что" se pueden considerar libros complementarios a este.

El lector tiene la opción de poder comprobar que efectivamente el "sistema" utilizado en este libro se puede aplicar también para otras empresas en mercados internacionales, a pesar de no tener conocimientos en el idioma inglés o ruso.

En estos tres libros se va a utilizar el mismo "sistema" con ejemplos en empresas reales y, como podremos ver, según la forma en que se implemente el "sistema", podría ser una estupenda herramienta para realizar inversiones a nivel internacional, independientemente del tipo de empresa o país en el que estemos interesados en invertir. También indicar que los ejemplos de CASOS REALES incluidos en estos 3 libros, los datos de elaboración son del mes de marzo de 2015.

Si te has interesado también por leer los otros 2 libros que se han mencionado anteriormente, **"WINNER OR LOSER:** Everything you need to know to invest in International Stock Exchange... and something else", y **ПОБЕДИТЕЛЬ ИЛИ НЕУДАЧНИК:** все, что Вам нужно знать о том, как инвестировать в Международные Фондовые Биржи... и еще кое-что", vas a observar que, utilizando el mismo "sistema" y adaptándolo a la empresa, se pueden obtener unos resultados óptimos.

Por otro lado, para reducir el problema que, en ocasiones, se puede encontrar con la gran cantidad de información y herramientas que se suministran en las plataformas de Bolsa que se ofrecen al público, se ha optado por trabajar y aplicar en este libro, uno de los "sistemas" más simples y que, en principio, todas las plataformas de "Bolsa" deben disponer.

También, en estos 3 libros, se han empleado lo menos tecnicismos posibles, siendo el objetivo que el libro sea útil para TÍ desde el principio. Efectivamente, se pueden observar que, en los ejemplos de los CASOS REALES de las otras 2 versiones en inglés "**WINNER OR LOSER:** Everything you need to know to invest in International Stock Exchange... and something else", y en ruso "**ПОБЕДИТЕЛЬ ИЛИ НЕУДАЧНИК:** все, что Вам нужно знать о том, как инвестировать в Международные Фондовые Биржи... и еще кое-что", sin tener conocimiento del idioma, se podría invertir en esas empresas y países, porque los conceptos e ideas claves están redactados de forma comprensible y con una didáctica adecuada a todos los niveles.

Es por lo que, se considera que estos 3 libros están enfocados y son válidos para toda aquella persona que se quiera adentrar en el mundo de la Bolsa, puesto que en ellos se trasladan unos conocimientos básicos a través de un lenguaje sencillo y claro, así como de varios ejemplos y casos reales.

3. ALGUNAS ADVERTENCIAS Y RECOMENDACIONES SOBRE EL LIBRO Y LAS INVERSIONES

Aunque el "sistema" expuesto en este libro es sencillo de utilizar, no obstante, hay que considerar algunas advertencias y recomendaciones que todo inversor debe tener siempre presentes.

El "sistema" que se presenta en este libro, es sólo una herramienta de ayuda para invertir en Bolsa, pero no lo confundamos con el "Santo Grial".

Por consiguiente, os indico de antemano, que el "sistema", como se expone y como se demuestra en este libro, ha funcionado durante muchos años, pero además de poder ser una herramienta para invertir, también es una herramienta de ayuda para conocer si lo que nos pueden estar ofreciendo los "intermediarios" como inversión, merece la pena en cierto grado o no, lo que podríamos denominar conocer la relación rentabilidad/riesgo Por ello, no debemos olvidar y tener presente, que siempre corresponde hacer un estudio de cada inversión en cada caso, bien a través nuestra, si creemos que nosotros mismos somos capaces, o a través de "varios" expertos o profesionales.

Antes de realizar cualquier inversión con tu dinero (o dinero de otra persona), asegúrate que tienes completo conocimiento sobre el tipo de producto dónde vas a invertir y que además comprendes perfectamente el riesgo que asumes.

Si este es tu primer contacto con la Bolsa, te recomiendo que sigas aprendiendo un poquito más y hagas simulaciones SIN dinero real.

Además cómo todos debemos conocer sobre este "mundo", resultados pasados, no garantizan resultados futuros.

Sobre todo, te recomiendo, que nunca pidas créditos o préstamos para invertir en Bolsa, así como nunca inviertas dinero que puedas necesitar de inmediato. De hecho, antes de invertir en "Bolsa" o cualquier otro tipo de producto, **pregúntate ¿cuánto dinero estas dispuesto a perder?**

Recuerda que el único responsable de tus inversiones vas a ser sólo TÚ.

Este libro contiene las opiniones del autor, e incluye ideas, estudios y estrategias que pueden no ser apropiados para cada individuo. El autor y el editor se han esforzado para que la información ofrecida sea lo más precisa y completa posible para la creación de este libro, a pesar del hecho de que no se garantiza que en cualquier momento los contenidos expuestos puedan cambiar, debido a la velocidad de datos actualizados de información que internet continuamente nos ofrece así como a los nuevos desarrollos tecnológicos.

Aunque se han hecho todos los intentos de verificar la información proporcionada en esta publicación, el autor y el editor no asumen ninguna responsabilidad por los errores o la interpretación contraria de los contenidos en el presente libro.

Usted acepta que el autor y el editor están presentando esta información como una guía y no proporcionan ni confieren al comprador o lector cualquier garantía, expresa o implícita, para los productos o servicios que se enumeran para su referencia y no serán responsables por el uso de cualquier producto o servicio incluido en este libro.

Se recomienda a todos los lectores a realizar las debidas actuaciones que correspondan antes de la compra de cualquier producto o servicio mencionado en este libro. Cualquier ofensa a determinadas personas, pueblos u organizaciones no son intencionadas. En los asesoramientos y libros prácticos, como en cualquier otra cosa en la vida, no hay garantías sobre los resultados. El autor y el editor no respaldan específicamente ni garantiza los productos y servicios mencionados en este libro, y sólo se les están ofreciendo como referencias para que usted pueda investigar más a fondo.

Este libro es una guía general y no está destinada a su uso como fuente de asesoramiento legal, comercial, contable, profesional o asesoramiento financiero.

4. ¿POR QUÉ OTRO LIBRO DE BOLSA?

Por suerte, a lo largo de muchos años, me han permitido participar, ayudar y enseñar a amigos, compañeros y conocidos, tanto en aspectos económicos-financieros como en aspectos personales, familiares, laborales, etc., pero a la misma vez, y lo más curioso es que, a través de cada caso particular con vosotros, he tenido la oportunidad de obtener un aprendizaje o "feedback", del que también he aprendido muchísimo, quizás más de lo que me pudieran haber enseñado muchos libros.

Y quizás por esto mismo, y con objeto de agradecer y recompensar de alguna forma ese "feedback" recibido y que cada uno de vosotros me habéis transmitido, compartido y enseñado durante todos estos años mediante vuestras experiencias personales, es por lo que se trasladará en este libro, mediante una herramienta que es la "Bolsa", cómo sería posible rentabilizar las inversiones de nuestros ahorros, la posibilidad de ser financieramente independientes, aumentar la calidad de vida, poder dedicar y prestar más atención a la familia, amigos, etc...

Por consiguiente, en este libro de Bolsa se van a plasmar algunas de las cuestiones que la gran mayoría de las personas durante algún momento de sus vidas se han planteado e interesado por conocer y, además, ofrece la oportunidad de poderlo transmitir de forma didáctica, tanto a las personas que ya nos conocemos, como a aquellas otras que no he tenido el placer de conocer.

Considero que TÚ vas a ser el protagonista y uno de los principales motivos de la publicación de este libro, siendo también de gran interés el que TÚ puedas hacer extensible estos conocimientos a las personas que también te importan.

En este libro se transmitirá la posibilidad de que, a través de la utilización de un sencillo "sistema" aplicado a la Bolsa, tú mismo seas capaz de mejorar las inversiones de tus ahorros, no sólo en Bolsa sino también respecto a otros productos financieros que pudieran ir unidos a la Bolsa.

Por supuesto, no se pueden plasmar más de quince años de investigación y experiencia en un libro, pero sí que se pueden recoger algunas de las pinceladas o puntos más importantes que sobre el mundo de la "Bolsa" acontece.

En el caso que tú seas principiante o este libro sea tu primer contacto con el "mundo de la Bolsa", bienvenido a este "mundo" y, por supuesto, enhorabuena por atreverte a aprender un poquito más. Seguramente, este libro sea una buena herramienta para tus futuras inversiones, así como para comprender algo más sobre el funcionamiento de este fantástico "mundo" desconocido que te resultará, tan simple o complejo, como la vida misma.

El objetivo principal es que TÚ seas el que decidas donde realizar tus inversiones y conocer si realmente estás preparado para participar en este mundo o no. Para ello, se utilizará un vocabulario sencillo y claro, así como se empleará un "sistema" simple y aplicado directamente con ejemplos de casos de empresas reales.

En el caso que ya tengas conocimientos intermedios o avanzados en Bolsa, este libro te recordará uno de los "sistemas", más básicos y de referencia, con los que seguramente comenzarías a trabajar en este mundo y del que, en ocasiones con el paso del tiempo y por el afán de superación en beneficios (o pérdidas), vamos olvidando por la búsqueda de "sistemas" más complejos y que provocan situaciones de más actividad.

Es interesante que este libro pueda ser una herramienta de gran utilidad para ayudar aquellas personas que en muchas ocasiones piensan que no tienen los conocimientos suficientes para poder decidir sobre las inversiones de sus ahorros.

Por tanto, a través de los ejemplos de casos reales que se exponen de forma detallada, se podrá observar directamente que el "sistema" se podría considerar una buena herramienta para realizar inversiones, a pesar de los años y las nuevas tecnologías desarrolladas. Así mismo, también se puede ver, que este sistema es extensible a empresas y productos de nivel internacional.

Por otro lado en este libro, además de centrarse directamente sobre inversiones en Bolsa, se trata de desarrollar lo que podríamos denominar "educación financiera", con la intención de ampliar un poquito los conocimientos del mundo real sobre los productos de inversión que constantemente nos ofrecen los "intermediaros" y que, por lo general, pueden resultar difícil de comprender y, por lo tanto en muchas ocasiones, tenemos que depositar la confianza directamente en lo que nos dice un "intermediario" o "empleado". En algunos momentos, los "intermediarios nos ofrecen diferentes opciones de inversión y por nuestro desconocimiento, por desconfianza o por miedo, dejamos que se nos escapen ciertas oportunidades y, por el contrario, aceptamos otras opciones de inversión que realmente son más arriesgados y con menos rentabilidad que los anteriores.

En este libro se te va a ofrecer la oportunidad de que con un uso adecuado del "sistema", tus ahorros te puedan proporcionar un complemento para tu futuro, que por consiguiente también puede ser el futuro de tu familia, de tus hijos, y por qué no, también para que entre todos, podamos ayudar a aquellas personas que apreciamos y que no han tenido esta oportunidad de aprender algo más para invertir los ahorros que tanto esfuerzo y sacrificio le han costado conseguir a lo largo de los años.

5. SOBRE EL "SISTEMA"

El "sistema" utilizado en este libro, es de los más básicos y sencillos para aprender en el mundo de la Bolsa.

El "sistema" que se va a aplicar en todos y cada uno de los ejemplos de casos reales, está pensado para lo que podemos denominar "Bolsa tradicional", es decir, seremos "Ganadores" cuando la Bolsa suba, y seremos "Perdedores" cuando la Bolsa baje.

Por ello, cuando se aplica el "sistema" a los ejemplos de casos reales que se presentan en este libro y en los ejemplos de casos reales que se presentan en los libros "**WINNER OR LOSER:** Everything you need to know to invest in International Stock Exchange... and something else", y "**ПОБЕДИТЕЛЬ ИЛИ НЕУДАЧНИК:** все, что Вам нужно знать о том, как инвестировать в Международные Фондовые Биржи... и еще кое-что", se van a exponer las fechas concretas en las que el "sistema" indica que se debían comprar y las fechas concretas en las que se debían vender las "acciones", y donde también se detallan los beneficios que se podrían haber obtenido con su utilización.

6. ALGUNOS DE LOS PRINCIPIOS PARA SER GANADOR O PERDEDOR

Los que me conocen en la vida real, saben que no me gusta ir con rodeos, y por tanto, quiero ser directo desde el principio. Por ello, y en especial a las personas interesadas en incorporarse al mundo de la Bolsa, deben tener presente que en este "mundo", lo primero que es obligatorio conocer es que sólo **TÚ** eres el que realmente "**Eliges**", es decir, entre la variedad de empresas o productos que hay en el mercado, vas a tener que elegir en qué empresa o producto realmente quieres invertir. Además, **TÚ** eres el que "**Decides**", es decir, tienes que decidir el riesgo dispuesto a asumir y la cantidad a invertir. Por tanto, Tú vas a ser el responsable de "Tú Elección" y de "Tú Decisión".

Por consiguiente, de las decisiones que Tú hayas tomado vas a obtener unos resultados como Ganador o Perdedor.

Por ello, antes de participar activamente en este "mundo", habría que considerar, entre otros, ciertos principios de vital importancia y que se podrían considerar interesantes poseer o desarrollar, como son:

- Autoconfianza
- Autodisciplina
- Sacrificio
- AMOR

La "autoconfianza" es imprescindible en el "mundo de la Bolsa". La palabra "autoconfianza", como su propio significado implica, es tener confianza en TÍ mismo. Es imposible invertir en "Bolsa" si no se está seguro de lo que se va a hacer. De hecho, si no se está seguro de la inversión a realizar, la mejor opción que se puede elegir en este caso, es no realizarla.

Es cierto que el "sistema" que se desarrolla en este libro es bastante simple, pero si no hay confianza en uno mismo, lo mejor es no llevar a cabo la inversión. Se debe conocer que en el mundo de la Bolsa, la autoconfianza se pone a prueba constantemente para que cada inversor demuestre el grado de confianza que realmente posee.

Con la "autodisciplina" sucede algo similar como con la "autoconfianza", es decir, se debe demostrar una disciplina constante, siguiendo y manteniendo las normas marcadas desde un principio por uno mismo. Igual que una persona se levanta cada día para ir a trabajar y dedicar horas y horas en su lugar de trabajo manteniendo y cumpliendo las normas establecidas en la empresa, en el mundo de la bolsa ocurre algo parecido, es decir, se debe denotar un alto grado de disciplina en todo momento.

El "sacrificio", también es un punto que hay que considerar en este mundo. De hecho, seguramente, muchas personas han escuchado la frase que "todo sacrificio, tiene su recompensa". En cierto modo, esta frase es bastante cierta cuando se aplica en este mundo y a continuación se podrá demostrar con un claro ejemplo.

Es cierto que, a lo largo de la vida, se pueden observar a muchas personas que han pasado horas, días e incluso semanas en organizar sus viajes de vacaciones que tan solo va a tener una duración de una semana. Así mismo, seguramente, se habrán gastado una media de unas 1000 u.m. (a partir de ahora se utilizará la abreviatura u.m.= unidades monetarias, ya sea para referirnos a euros, libras, dólares, rublos, pesos u otra divisa) por persona y, como se ha mencionado, sólo para disfrutar durante una semana.

Siguiendo con este ejemplo, se plantean algunas cuestiones como si estarían las personas dispuestas a "sacrificar" esas vacaciones de una semana y el tiempo empleado en organizar el viaje, o si, estarían dispuestas en utilizar las 1000 u.m. en una inversión para su futuro.

Si la respuesta es afirmativa, eso es con lo que se podría identificar como "sacrificio" en este "mundo". En ocasiones, hay que "sacrificar" unas vacaciones para intentar conseguir una mejor calidad de vida en un futuro.

Si se continúa analizando el ejemplo de las vacaciones, entre los resultados que se pueden obtener estarían:

- Ganador: por un lado, las personas podrían haber pasado unas estupendas y perfectas vacaciones durante una semana y, por tanto, pensarían que ha merecido la pena las 1000 u.m. empleadas así como el tiempo dedicado para organizarlas; o por el contrario,

- Perdedor: puede darse la situación de que se hayan encontrado durante sus vacaciones con mal tiempo, huelga de transportes, y hayan sido unas vacaciones horribles y, además, pudieran pensar que no ha merecido la pena las 1000 u.m. empleadas en el viaje así como el tiempo utilizado para prepararlas.

En el mundo de la Bolsa, la situación hubiera podido ser similar, es decir, que se hubieran invertido 1000 u.m. y se obtuvieran estos posibles resultados:

- Ganador: se hubieran obtenido unos beneficios espectaculares que les permitirían hacer, no sólo un próximo viaje de una semana, sino inclusive, un próximo viaje de un mes, además, estarían muy satisfechos por el tiempo utilizado en preparar su inversión; o por el contrario,

- Perdedor: se hubiesen perdido las 1000 u.m. invertidas, así como podrían pensar que no hubiera merecido la pena el tiempo empleado para el estudio de la inversión.

Por otro lado, y quizás uno de los principios más importante, habría que considerar de forma peculiar el "AMOR", es decir, depositar cierto grado de "Amor" en todo lo que estamos haciendo. Si se pone "Amor" en este "mundo", así como en cualquier otro "mundo" (familiar, laboral o profesional, personal, social...), se podría asegurar que SIEMPRE SERÁS GANADOR. Es decir, aplicando "Amor", cuando las inversiones te vayan bien, además de ser GANADOR, tendrás un plus que no es equiparable al dinero; y si los resultados no son los esperados, seguro que seguirás siendo GANADOR, porque te permitirá aprender de los errores cometidos para mejorarlos y progresar en próximas ocasiones.

Volviendo con el ejemplo anterior sobre las vacaciones y las inversiones, si a los resultados que se obtuvieron como "Perdedor" le añadimos el ingrediente del "Amor", se podrían convertir en un resultado como "Ganador". Muchas personas se preguntarán ¿cómo se puede transformar un resultado "Perdedor" en un resultado "Ganador" añadiendo "Amor"? En muchas ocasiones, se escucha la frase que "con Amor se consiguen muchas cosas", y en el mundo de la Bolsa también se puede conseguir.

Si incluimos el "Amor", el resultado considerado "Perdedor" se transformará en "Ganador". Ese resultado "Perdedor" habrá sido una experiencia más con la que se puede aprender y se podrá tener en consideración para organizar y mejorar las próximas vacaciones (por ejemplo, contratando un seguro para el viaje que cubra el mal tiempo, pérdida de maletas, etc) o mejorar las próximas inversiones (por ejemplo, invirtiendo en diferentes empresas para diversificar el riesgo). Como se puede observar, aplicando el "Amor", se ha pasado de una situación de "Perdedor" a "Ganador".

Si eres nuevo en este "mundo" y crees que cumples estos simples requisitos, estoy agradecido de poder darte la bienvenida al mundo de la Bolsa, y puedes considerar que tienes parte de los condicionantes que podrán encaminarte hacia el lado GANADOR.

7. NO ES ORO TODO LO QUE RELUCE

Seguramente muchas personas conocen o han leído el artículo del experimento que se realizó en 1973, donde a un mono le dieron unos dardos que lanzó sobre un periódico económico en el que se incluían empresas que cotizaban en Bolsa. Las empresas donde cayeron los dardos, se tomaron como referencia para comparar los resultados de estas empresas con los resultados de las empresas seleccionadas por "profesionales" de la Bolsa.

La consecuencia de este experimento fue que, el mono obtuvo unos resultados superiores, en las empresas que había seleccionado lanzando los dardos, respecto con algunos de los grandes "profesionales o expertos" de la Bolsa.

De este experimento, se sacaron las conjeturas que, no hace falta ser "profesional" para invertir en Bolsa y obtener buenas rentabilidades y, por tanto, el azar forma parte de ella.

Pero no sólo hay que quedarse con el concepto que "cualquier mono" puede invertir en Bolsa y ser "Ganador". También es cierto que, cuantos más conocimientos se tienen sobre el funcionamiento de la Bolsa, también se aumentan las posibilidades de éxito y se minimizan los riesgos asociados a la inversión.

Por otro lado, este experimento está algo incompleto y puede dejar también muchas lagunas que se deben replantear:

- ¿Qué hubiera pasado si en este experimento, el mono hubiera elegido las peores empresas?

  No por ello, se tendría que decir entonces, que la Bolsa sólo es para personas "profesionales o expertos" con altos grados de conocimientos en economía, matemáticas, estadísticas y otras ciencias similares.

- ¿Por qué solo se eligió "un solo mono" y a "varios expertos" en Bolsa?

- ¿Qué hubiera pasado si se hubieran elegido "varios monos" y "un solo experto" en bolsa?

- ¿Se repitió este mismo experimento con el mismo mono?

  Este mono, en concreto, no volvió a repetir este experimento según los datos que se han publicado.

Con estas preguntas, sólo se intenta demostrar que, en el "experimento del mono", no se puede extrapolar y asegurar que, cada vez que cualquier persona tire unos dardos al azar para realizar inversiones en empresas, siempre las rentabilidades que se van a obtener serán superiores a las rentabilidades de los "profesionales".

No obstante, consta que este experimento se repitió durante varios años con otros monos, y los resultados fueron que a largo plazo, en este caso, los monos no superaban las rentabilidades medias de los "profesionales".

Con el ejemplo de este experimento, se intenta transmitir que, a lo largo de la vida, se podrá analizar una cantidad enorme de información sobre este mundo de la Bolsa donde existen muchos tópicos, sistemas, métodos, etc. Hay que aclarar que, la Bolsa no es una ciencia exacta. En Bolsa, 2+2 no son siempre 4, por tanto, en el momento de realizar una inversión es importante conocer en qué empresa o producto se está invirtiendo, el riesgo que se va a asumir, así como tener conciencia que somos nosotros realmente los que vamos a decidir dónde invertir.

8. HABLANDO DE VERDADES Y CASI VERDADES

Como se ha demostrado anteriormente en el experimento del mono, se debe evaluar y analizar las noticias que se reciben en su justa medida.

De hecho, la verdad absoluta por sí sola no existe ni en el "mundo de la Bolsa" ni en el "mundo real" en el que se vive cada día, es decir, para conseguir la verdad absoluta se podría intentar conseguir con la suma de todas las verdades relativas.

Por lo tanto, cuando se quiere invertir en Bolsa se debe conocer realmente donde se invierte, es decir, se deben conocer la mayor parte de verdades relativas, puesto que, si no se conoce o no se está seguro donde se va a invertir los ahorros, la mejor opción es no invertir.

Por ello, a la hora de invertir en Bolsa Internacional es interesante conocer las empresas donde se va a invertir. Para conocer las empresas donde podemos invertir, en Bolsa se pueden utilizar dos tipos de análisis:

- "Análisis Fundamental" de la empresa, es decir, conociendo los estados contables de las empresas, balances, cuentas de resultados, pérdidas y ganancias, etc; y/o

- "Análisis Técnico" de la empresa, es decir, a través de gráficos, convergencias y divergencias, momentos, volumen, medias, Fibonacci, velas japonesas, bandas de Bollinger, canales, soportes, resistencias, etc.

Se adelanta que el "sistema", que se va a explicar en este libro para la inversión en Bolsas Internacionales, está basado y desarrollado a través de lo que se denomina como Análisis Técnico.

El "sistema" está adaptado a cada una de las empresas internacionales reales que se van a exponer como ejemplo.

Además, se demostrará la forma en que este "sistema" ha funcionado mediante los datos reales numéricos que se acompañan de cada empresa.

Pero como se indica en este libro, es importante que seas TÚ, el que realmente evalúes si eres capaz de que este "sistema" se adapte y funcione en las empresas o productos en los que TÚ realmente conoces y deseas invertir.

De hecho, antes de poner el "sistema" en funcionamiento con dinero real, siempre se recomienda que se haga una simulación del funcionamiento del "sistema" sin dinero real. En caso de que existiera alguna duda respecto al funcionamiento, no se debería invertir dinero real hasta que se controle correctamente esta u otra herramienta.

9. LA PREGUNTA DEL MILLÓN

Una pregunta muy usual entre los que se adentran o quieren invertir en Bolsa y que probablemente sea la pregunta que más se intenta responder sobre este mundo es: ¿me voy a hacer rico con la Bolsa?

Esta pregunta tan común, se puede responder con otra pregunta que va a dar la solución, acaso ¿te estás haciendo rico dedicando 8 o más horas al día en tu puesto de trabajo?

TÚ tienes la respuesta a tu pregunta y es muy simple. Como se ha indicado desde el principio de este libro, depende única y exclusivamente de TÍ.

Si te conoces bien a TÍ mismo, TÚ sabes perfectamente lo que puedes ser capaz de conseguir, puesto que los resultados dependerán de factores como el esfuerzo, el empeño, la implicación, el tiempo empleado, los conocimientos, la aversión al riesgo (nivel de miedo que tienes a perder), es decir, de todo lo que TÚ le quieras dedicar a este "mundo".

Es importante volver a recordar algunos de los pilares, mencionados anteriormente, para invertir en "Bolsa": la Autoconfianza, Autodisciplina, Sacrificio y AMOR. Aquí están los ingredientes principales para completar las respuestas.

10. ¿POR QUÉ GANADOR O PERDEDOR? TÚ DECIDES.

A lo largo de la vida, las personas se tienen que posicionar en uno de los dos extremos. Y lo más importante es que, en la mayoría de las ocasiones, ellas mismas pueden elegir ser Ganador o Perdedor; en otros casos, existen factores externos no controlables que son los que nos posicionan en un lado u otro.

Por desgracia, con la crisis económica de 2007 que se ha sufrido a nivel internacional, las personas se han hecho más reacias a confiar en los "intermediarios", en el momento de invertir los ahorros. Se ha podido observar también que muchas familias se han arruinado y están en la calle sin hogar, debido al asesoramiento que en su día le habían recomendado "intermediarios" en los que se habían confiado.

Aunque no se puede generalizar, hay que recordar, que los "intermediarios" o "empleados" no son realmente nuestros amigos. Ellos tienen que conseguir unos beneficios y unos resultados. Los "empleados" tienen objetivos que cumplir marcados por sus empresas en las cuales trabajan. Y en parte, con el cumplimiento de esos objetivos, se pagan los sueldos de los "empleados" cada mes.

Los "empleados" no tienen que saber ni entender sobre Bolsa, solamente tienen que vender lo que le han indicado para cumplir objetivos.

Partiendo de esta premisa, todas las personas deberían de preocuparse donde invierten los ahorros o, por lo menos, conocer el producto o empresa y, por consiguiente, ser conscientes que ellas son las únicas responsables de las decisiones que hayan considerado realizar.

También es interesante plantear otras series de cuestiones y dedicarles unos momentos de reflexión. Aunque se podría considerar una cuestión básica el siguiente ejemplo, la pregunta podría ser intentar comprender por qué cuando las personas quieren comprar un coche, dedican tanto tiempo y se preocupan por conocer las características mínimas del coche que quieren (marca, modelo del coche, potencia del motor, cuantas puertas debe tener, grande o pequeño, alta gama o un utilitario, etc.) y, además, se comparan precios en distintos lugares e inclusive se prueban antes de comprarlos.

Acaso, cuando las personas se compran un coche, van directamente a la primera tienda de coches por la que en ese momento pasan, y le dicen al vendedor: "Quiero un coche", y aceptan el primer coche que el vendedor les ofrece sin hacer más preguntas.

Con este sencillo ejemplo, se muestra que, por lo general, las personas compran coches sin la necesidad de ser "ingenieros", ¿verdad?

La siguiente pregunta entonces podría ser: ¿por qué cuando se trata de invertir los ahorros (que han supuesto muchas horas de esfuerzo, tiempo y trabajo), no se le dedica algo más de tiempo y se intenta conocer el producto (como se llama el producto, la rentabilidad que nos puede ofrecer, el riesgo a asumir, etc.) y se confía directamente en lo que dice el "intermediario" o "empleado"?

Esta es una pregunta interesante y que muchas veces muchas personas se deberían plantear. Seguramente, algunas de las respuestas más comunes serían: o que no tienen tiempo o, que no son "profesionales o expertos".

Pero si se comparan estas respuestas con el ejemplo del coche, más interesante es el resultado que se obtiene, puesto que, siempre se ha tenido tiempo para conseguir información antes de comprar el coche y con las características que se querían a pesar de no ser "ingenieros", en cambio, para elegir las inversiones donde depositar el dinero ahorrado y que pueden representar una calidad de vida mejor para un futuro, no se ha tenido ni tiempo, ni interés para conocer el producto y, directamente, se ha dejado la decisión de inversión al "intermediario" o "empleado".

Con este sencillo ejemplo, ahora, se puede conocer en qué posición las personas quieren estar y si realmente quieren participar en el mundo de la Bolsa, puesto que, dependiendo de las propias decisiones que elijan, se podrá estar en una posición u otra: Ganador o Perdedor.

Por consiguiente, es clave que aprendas que para que TÚ GANES en el mundo de la Bolsa, OTROS tienen que PERDER, es decir, no todo el mundo puede ser GANADOR en Bolsa.

En este libro sólo se va a encontrar un "sistema" aplicado a ejemplos de casos reales, que ha funcionado y, que según cómo se utilice, te va a poder situar en un lado como GANADOR o en otro como PERDEDOR, no obstante, vas a ser sólo TÚ quien realmente decidas en qué parte estar.

11. PARADOJA DE LAS MATEMÁTICAS Y CONTROL DEL RIESGO

En este apartado, se va a reflejar con otro ejemplo, algo que en muchas ocasiones se olvida cuando se invierte en Bolsa.

Puesto que, dependiendo en qué posición se encuentra el inversor, se podrán interpretar los resultados de una forma u otra. Efectivamente, a la hora de invertir, se tiene que mantener en mente que a veces las matemáticas pueden aparentar algo distinto, según la posición en la que el inversor se encuentra.

Imaginamos a dos personas que invierten en un mismo producto:

- Alexander compró una "acción" por 80 u.m. y pierde su valor en Bolsa un 50%, el valor de la "acción" de Alexander es 40 u.m. (Alexander en su razonamiento matemático ha perdido sólo un 50%).

- Peter compra ahora la "acción", y sólo paga 40 u.m. (si Peter espera que la acción suba hasta el precio que pagó Alexander, habrá ganado un 100%)

Cuando la acción vuelva a subir al precio inicial de 80 u.m.:

- Alexander, no habrá ganado nada (compró por 80 u.m. y el precio vuelve a ser 80 u.m.). De hecho, aunque Alexander perdió un 50%, la acción ha tenido que subir un 100%.

- Peter, habrá ganado un 100% (compró a 40 u.m. y el precio ahora es 80 u.m.).

Ha quedado claro en el ejemplo, que aunque Alexander podría tener la sensación (matemáticamente) que sólo había perdido un 50%, la realidad es que la "acción" debía de subir un 100% para recuperar su inversión; por otro lado, Peter aprovechó la oportunidad, y consiguió un 100% de rentabilidad.

Con este ejemplo, se debe recordar también que antes de invertir, es muy importante controlar el riesgo que implica cada inversión, y por consiguiente, es necesario limitar las pérdidas que se está dispuesto a asumir según el nivel de riesgo que acepta cada inversor.

Una forma de disminuir la exposición al riesgo es diversificando las inversiones, es decir, el riesgo se puede disminuir invirtiendo el dinero de forma adecuada en diferentes productos.

12. ¿QUÉ ES NECESARIO PARA COMENZAR?

Como se ha mencionado a lo largo de este libro, el "sistema" que se va a aplicar está basado en el Análisis Técnico, es decir, a través de gráficos. Para ello, lo primero que se necesita para trabajar en "Bolsa" con este "sistema", es un "intermediario" que nos pueda proporcionar una "plataforma" (aplicación o herramienta) que nos permita ver de forma gráfica el precio de cotización de las "acciones" (empresas) donde se quiere invertir, y además se pueda incluir dentro de este gráfico la opción de incorporar "medias móviles".

Actualmente, casi todas las plataformas que suministran los intermediarios, funcionan de manera similar. Si el intermediario con el que se trabaja no puede proporcionar la plataforma (que incluya un gráfico de empresa y medias móviles), siempre está la opción de cambiar de intermediario o de buscar la plataforma en internet o en web de noticias de economía y Bolsa.

El "sistema" que en este libro se utiliza, se basa fundamentalmente en los dos parámetros básicos que se detallan:

1. Una gráfica, donde se muestre el precio (o cotización) de la "acción" (empresa o producto) donde queremos invertir.

2. La opción de poder incluir en el gráfico una "media móvil", para adaptarla a la empresa o producto.

13. UTILIZACIÓN DEL "SISTEMA"

En este apartado, se va a exponer cómo se utiliza el "sistema" paso a paso, así como la forma de implementarse en diferentes empresas reales seleccionadas al azar (como en el experimento de los monos). En los ejemplos de casos reales, que se van a mostrar, se han utilizado empresas que cotizan en Bolsa, pero podría tratarse de bonos, Fondos de Inversión, ETF, Índices bursátiles, warrants, futuros, divisas, etc.

Cuando en este libro se aplica el "sistema" en las diferentes empresas, se va a utilizar una metodología similar en cada una de ellas. Por tanto, si estás interesado en leer los otros dos libros "**WINNER OR LOSER:** Everything you need to know to invest in International Stock Exchange... and something else", y "**ПОБЕДИТЕЛЬ ИЛИ НЕУДАЧНИК:** все, что Вам нужно знать о том, как инвестировать в Международные Фондовые Биржи... и еще кое-что", donde se utiliza el sistema en otras empresas internacionales, sin necesidad de conocer el idioma será posible identificar fácilmente el "sistema" que se ha utilizado en otras empresas internacionales y, además, puedes observar los enormes beneficios obtenidos.

El "sistema", como se ha indicado anteriormente, consta por un lado de una gráfica donde apreciamos dos líneas:

- La línea negra escalonada, representa el **Precio** de la "acción" (empresa o producto) a lo largo del tiempo (días, semanas, meses, etc).

- La línea gris, representa la **media móvil** o moving average (normalmente se identifica en las plataformas como "MM" para versiones en castellano o "MA" para versiones en inglés).

El "sistema" va a consistir básicamente en seguir los siguientes pasos que se detallan a continuación:

- Comprar la "acción" en el punto donde la línea negra escalonada (precio) se cruza por encima con la línea gris (media móvil).

- Mantener la "acción" mientras la línea negra escalonada esté por encima de la línea gris.

- Vender la "acción" en el punto donde la línea negra escalonada vuelve a cruzarse con la línea gris (esta vez la línea negra escalonada está por debajo de la gris).

- Esperamos a volver a comprar la "acción" cuando se vuelva a cruzar otra vez la línea negra escalonada con la línea gris (y la línea negra escalonada vuelva a estar encima de la gris).

- Se vuelven a repetir los pasos descritos. Fácil, ¿verdad?

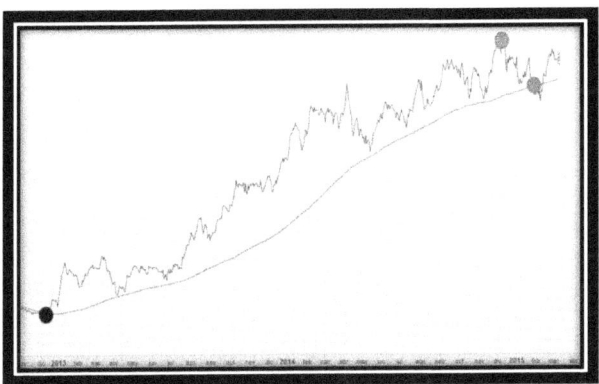

Posteriormente, a continuación de cada gráfica, se recogen en unas tablas los siguientes datos:

- El nombre de la empresa objeto de estudio.

- Los puntos donde se han cruzado las líneas de precios y las líneas de medias móviles más importantes.

- Las operaciones de compra (color negro) donde se indica la fecha exacta y el precio de compra.

- Las operaciones de venta (color gris) con la fecha exacta y el precio de venta.

- Las posibles operaciones de venta con precio máximo (color gris claro) con la fecha exacta y el precio de venta que se podría haber conseguido.

- Cada tabla indica una operación diferente de compra-venta.

EMPRESA	NOMBRE EMPRESA	
	Fecha	Precio
(1)COMPRA:	DIA/MES/AÑO	40,26
(1')VENTA:	DÍA/MES/AÑO	43,47
(A)VENTA (MAX.):	DÍA/MES/AÑO	46,47

A continuación, se muestra en otra tabla, tanto el beneficio obtenido (color gris) al utilizar el "sistema", así como el beneficio máximo (color gris claro) que se podría haber obtenido mientras teníamos comprada la "acción".

BENEFICIO: (1')-(1)=43,74-40,26=3,48 u.m.

BENEFICIO (MAX.): (A)-(1)= 46,47-40,26=6,21 u.m.

La siguiente tabla que se muestra, indica el porcentaje (color gris) que se ha obtenido con la utilización del "sistema", así como el porcentaje máximo (color gris claro) que podríamos haber obtenido mientras teníamos comprada la "acción".

PORCENTAJE: (1')-(1)=8,64 %

PORCENTAJE (MAX.): (A)-(1)=15,42 %

En los ejemplos de casos reales que se van a mostrar, se han utilizado sobre la misma empresa, gráficas de precios diarios y gráficas de precios semanales, para que se puedan identificar las diferencias que existen en los resultados alcanzados al aplicar el mismo "sistema".

14. PASAMOS A LA "ACCIÓN"

Como se ha explicado en el punto anterior, en este apartado vamos pasar a la aplicación del "sistema" en los ejemplos de casos reales de las empresas internacionales seleccionadas al azar.

Como vamos a poder ver, en cada uno de los gráficos hemos aplicado una "media móvil" diferente, que está adaptada a cada empresa y que proporcionará unos beneficios o resultados diferentes dependiendo si se ha utilizado un gráfico de precios semanal o un gráfico de precios diario.

En los gráficos, que se muestran, la línea negra escalonada es la evolución de los precios de cotización de la empresa a lo largo del tiempo; y la línea gris es la media móvil utilizada.

En los gráficos, en los puntos donde se cruzan la línea gris y la línea negra escalonada, se han marcado los puntos relevantes sobre algunas operaciones de compra con un número (X), y los puntos relevantes de venta con un número' (X'), así mismo, está señalado con una letra mayúscula (A) uno de los precios máximos que se podrían haber conseguido en la operación.

En las tablas, se han recogido los resultados que se hubieran obtenido aplicando el "sistema", tanto en diferencia de precio obtenido, como en porcentaje de cada operación de compra – venta.

Se recuerda que los datos reales de los ejemplos de estas empresas internacionales están elaborados a fecha 10 de marzo de 2015, siendo posible que cuando se aplicó el "sistema" puedan darse operaciones que se pudieran encontrar en situación de proceso, es decir, sin que el "sistema" indicase el precio de venta.

Empezamos a trabajar con los ejemplos de empresas internacionales reales:

En la empresa COCACOLA FEMSA S.A.B. (KOF) - USA

- Aplicación del "sistema" utilizando una media móvil de 450 sesiones (línea gris) en el *gráfico diario de precios* (línea negra escalonada).

Operación número 1:

EMPRESA	COCACOLA (KOF)	
	Fecha	Precio
(1)COMPRA:	11-nov-04	21,19
(1')VENTA:	03-oct-08	47,17
(A)VENTA (MAX.):	05-jun-08	62,5

Los beneficios obtenidos al utilizar el sistema, es decir, la diferencia entre el precio de compra y venta son los que se muestran en color gris.

Los beneficios máximos que se podrían haber obtenido al utilizar el sistema, es decir, la diferencia entre el precio de compra y precio de venta máximo son los que se muestran en color gris claro.

BENEFICIO: (1')-(1)=47,17-21,19=25,98 u.m.

BENEFICIO (MAX.): (A)-(1)=62,5-21,19=41,31 u.m.

Igualmente que en la tabla anterior, ahora los beneficios se expresan en términos porcentuales, siendo estos:

PORCENTAJE: (1')-(1)=122,61 %

PORCENTAJE (MAX.): (A)-(1)=194,95 %

Operación número 2:

EMPRESA	COCACOLA (KOF)	
	Fecha	Precio
(2)COMPRA:	16-sep-09	45,93
(2')VENTA:	26-ago-13	128,49
(B)VENTA (MAX.):	24-abr-13	166,58

Los beneficios obtenidos al utilizar el sistema y los beneficios máximos que se podrían haber obtenido son:

BENEFICIO: (2')-(2)=128,49-45,93=82,56 u.m.

BENEFICIO (MAX.): (B)-(2)=166,58-45,93=120,65 u.m

En términos porcentuales, los beneficios han sido:

PORCENTAJE: (2')-(2)=179,75 %

PORCENTAJE (MAX.): (B)-(2)=262,68 %

- Aplicación del "sistema" utilizando una media móvil de 450 sesiones (línea gris) en el *gráfico semanal de precios* (línea negra escalonada).

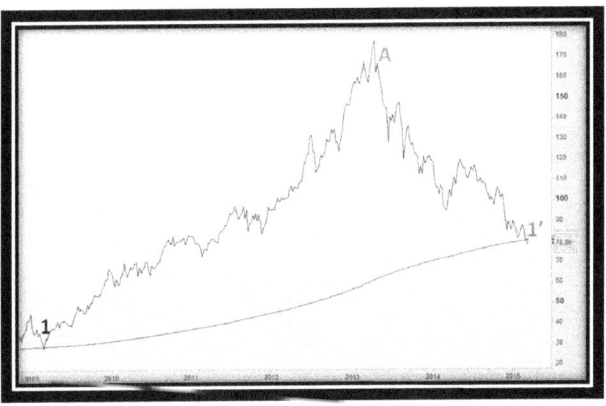

Operación número 1:

EMPRESA	COCACOLA (KOF)	
	Fecha	Precio
(1)COMPRA:	09-mar-09	29,11
(1')VENTA:	02-mar-15	80,09
(A)VENTA (MAX.):	15-abr-13	178,54

Los beneficios obtenidos al utilizar el sistema y los beneficios máximos que se podrían haber obtenido son:

BENEFICIO: (1')-(1)=80,09-29,11=50,98 u.m.

BENEFICIO (MAX.): (A)-(1)=178,54-29,11=149,43 u.m.

En términos porcentuales, los beneficios han sido:

PORCENTAJE: (1')-(1)= 175,13 %

PORCENTAJE (MAX.): (A)-(1)= 513,33 %

En la empresa MOBILE TELESYSTEMS (MTSS) - RUSIA

- Aplicación del "sistema" utilizando una media móvil de 38 sesiones (línea gris) en el _gráfico diario de precios_ (línea negra escalonada).

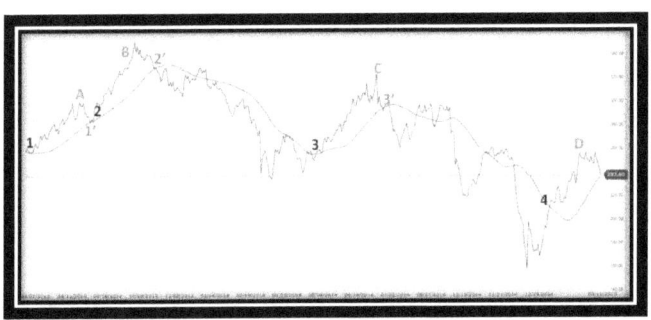

Operación número 1:

EMPRESA	MOBILE TELESYSTEM (MTSS)	
	Fecha	Precio
(1)COMPRA:	27-jun-13	259,24
(1')VENTA:	30-ago-13	283,47
(A)VENTA (MAX.):	21-ago-13	300,79

Los beneficios obtenidos al utilizar el sistema y los beneficios máximos que se podrían haber obtenido son:

BENEFICIO: (1')-(1)=283,47-259,24=24,23 u.m.

BENEFICIO (MAX.): (A)-(1)=300,79-259,24=41,55 u.m.

En términos porcentuales, los beneficios han sido:

PORCENTAJE: (1')-(1)=9,35 %

PORCENTAJE (MAX.): (A)-(1)=16,03 %

Operación número 2:

EMPRESA	MOBILE TELESYSTEM (MTSS)	
	Fecha	Precio
(2)COMPRA:	04-sep-13	284,81
(2')VENTA:	06-nov-13	328,9
(B)VENTA (MAX.):	16-oct-13	351,5

Los beneficios obtenidos al utilizar el sistema y los beneficios máximos que se podrían haber obtenido son:

BENEFICIO: (2')-(2)=328,9-284,81=44,09 u.m.

BENEFICIO (MAX.): (B)-(2)= 351,5-284,81=66,69 u.m.

En términos porcentuales, los beneficios han sido:

PORCENTAJE: (2')-(2)=15,48 %

PORCENTAJE (MAX.): (B)-(2)=23,42 %

Operación número 3:

EMPRESA	MOBILE TELESYSTEM (MTSS)	
	Fecha	Precio
(3)COMPRA:	29-abr-14	256,2
(3')VENTA:	09-jul-14	294,25
(C)VENTA (MAX.):	03-jul-14	324

Los beneficios obtenidos al utilizar el sistema y los beneficios máximos que se podrían haber obtenido son:

BENEFICIO: (3')-(3)=294,25-256,2=38,05 u.m.

BENEFICIO (MAX.): (C)-(3)=324-256,2=67,8 u.m.

En términos porcentuales, los beneficios han sido:

PORCENTAJE: (3')-(3)=14,85 %

PORCENTAJE (MAX.): (C)-(3)=26,46 %

Operación número 4:

EMPRESA	MOBILE TELESYSTEM (MTSS)	
	Fecha	Precio
(4)COMPRA:	14-ene-15	211,21
(4')VENTA:	EN CURSO	
(D)VENTA (MAX.):	13-feb-15	257,35

Los beneficios obtenidos al utilizar el sistema y los beneficios máximos que se podrían haber obtenido son:

BENEFICIO: (4')-(4)=EN CURSO

BENEFICIO (MAX.): (D)-(4)=257,35-211,21=46,14 u.m.

En términos porcentuales, los beneficios han sido:

PORCENTAJE: (4')-(4)=EN CURSO

PORCENTAJE (MAX.): (D)-(4)=21,85 %

- Aplicación del "sistema" utilizando una media móvil de 60 sesiones (línea gris) en el *gráfico semanal de precios* (línea negra escalonada).

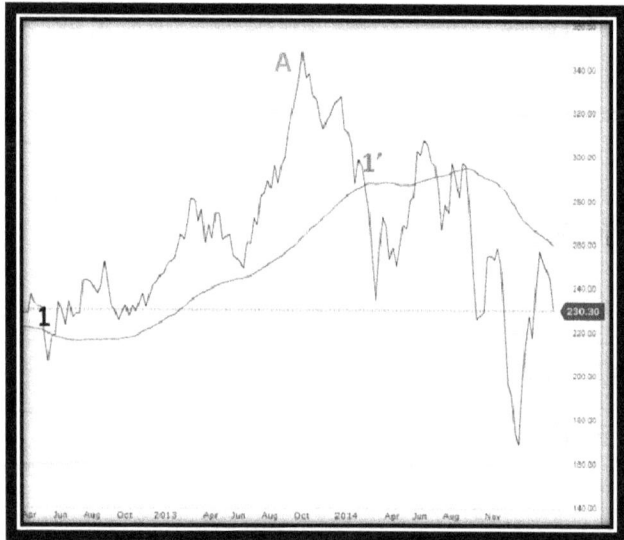

Operación número 1:

EMPRESA	MOBILE TELESYSTEM (MTSS)	
	Fecha	Precio
(1)COMPRA:	20-may-12	218,99
(1')VENTA:	16-feb-14	287,81
(A)VENTA (MAX.):	13-oct-13	348,86

Los beneficios obtenidos al utilizar el sistema y los beneficios máximos que se podrían haber obtenido son:

BENEFICIO: (1')-(1)=287,81-218,99=68,82 u.m.

BENEFICIO (MAX.): (A)-(1)=348,86-218,99=129,87 u.m.

En términos porcentuales, los beneficios han sido:

PORCENTAJE: (1')-(1)=31,43 %

PORCENTAJE (MAX.): (A)-(1)=59,30 %

En la empresa INDITEX (ITX) - ESPAÑA

- Aplicación del "sistema" utilizando una media móvil de 360 sesiones (línea gris) en el *gráfico diario de precios* (línea negra escalonada).

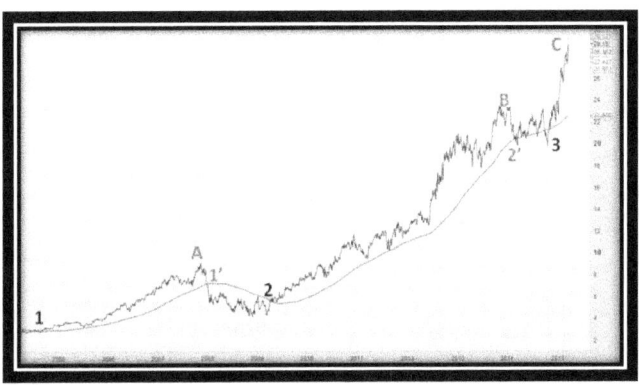

Operación número 1:

EMPRESA	INDITEX (ITX)	
	Fecha	Precio
(1)COMPRA:	24-ago-04	2,98
(1')VENTA:	21-dic-07	7,26
(A)VENTA (MAX.):	07-nov-07	9,13

Los beneficios obtenidos al utilizar el sistema y los beneficios máximos que se podrían haber obtenido son:

BENEFICIO: (1')-(1)=7,26-2,98=4,28 u.m.

BENEFICIO (MAX.): (A)-(1)=9,13-2,98=6,15 u.m.

En términos porcentuales, los beneficios han sido:

PORCENTAJE: (1')-(1)=143,62 %

PORCENTAJE (MAX.): (A)-(1)=206,38 %

Operación número 2:

EMPRESA	INDITEX (ITX)	
	Fecha	Precio
(2)COMPRA:	29-abr-09	5,59
(2')VENTA:	27-feb-14	20,48
(B)VENTA (MAX.):	31-oct-13	23,51

Los beneficios obtenidos al utilizar el sistema y los beneficios máximos que se podrían haber obtenido son:

BENEFICIO: (2')-(2)=20,48-5,59=14,89 u.m.

BENEFICIO (MAX.): (B)-(2)=23,51-5,59=17,92 u.m.

En términos porcentuales, los beneficios han sido:

PORCENTAJE: (2')-(2)=266,37 %

PORCENTAJE (MAX.): (B)-(2)=320,57 %

Operación número 3:

EMPRESA	INDITEX (ITX)	
	Fecha	Precio
(3)COMPRA:	27-oct-14	21,32
(3')VENTA:	EN CURSO	
(C)VENTA (MAX.):	18-mar-15	29,15

Los beneficios obtenidos al utilizar el sistema y los beneficios máximos que se podrían haber obtenido son:

BENEFICIO: (3')-(3)=EN CURSO

BENEFICIO (MAX): (C)-(3)=29,15-21,32=7,83 u.m.

En términos porcentuales, los beneficios han sido:

PORCENTAJE: (3')-(3)=EN CURSO

PORCENTAJE (MAX.): (C)-(3)=36,73 %

- Aplicación del "sistema" utilizando una media móvil de 390 sesiones (línea gris) en el *gráfico semanal de precios* (línea negra escalonada).

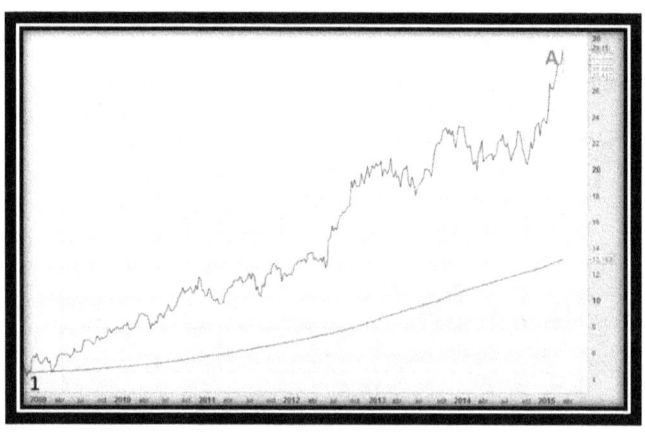

Operación número 1:

EMPRESA	INDITEX (ITX)	
	Fecha	Precio
(1)COMPRA:	24-nov-08	4,46
(1')VENTA:	EN CURSO	
(A)VENTA (MAX.):	18-mar-15	29,15

Los beneficios obtenidos al utilizar el sistema y los beneficios máximos que se podrían haber obtenido son:

BENEFICIO: (1')-(1)=EN CURSO

BENEFICIO (MAX.): (A)-(1)=29,15-4,46=24,69 u.m.

En términos porcentuales, los beneficios han sido:

PORCENTAJE: (1')-(1)=EN CURSO

PORCENTAJE MAX.: (A)-(1)= 553,59 %

15. UTILIZANDO EL "SISTEMA" EN EMPRESAS ESPAÑOLAS Y LATINOAMERICANAS

Una vez que ya conocemos el uso del "sistema" en los ejemplos de las empresas internacionales mostradas en el apartado anterior, vamos a continuar utilizando el "sistema" con ejemplos de empresas españolas y latinoamericanas.

La metodología que vamos a emplear en los ejemplos de las empresas españolas y latinoamericanas es la misma que la utilizada con los ejemplos de las empresas internacionales que se han explicado anteriormente.

Se va a adaptar la "media móvil" a las empresas y se van a obtener estos resultados:

En la empresa IBERDROLA (IBE) - ESPAÑA

- Aplicación del "sistema" utilizando una media móvil de 190 sesiones (línea gris) en el *gráfico diario de precios* (línea negra escalonada).

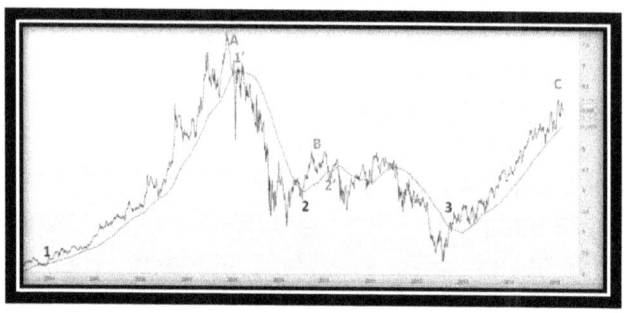

Operación número 1:

EMPRESA	IBERDROLA (IBE)	
	Fecha	Precio
(1)COMPRA:	11-dic-03	2,16
(1')VENTA:	02-ene-08	6,73
(A)VENTA (MAX.):	09-nov-07	7,75

Los beneficios obtenidos al utilizar el sistema y los beneficios máximos que se podrían haber obtenido son:

BENEFICIO: (1')-(1)=6,73-2,16=4,57 u.m.

BENEFICIO (MAX.): (A)-(1)=7,75-2,16=5,59 u.m.

En términos porcentuales, los beneficios han sido:

PORCENTAJE: (1')-(1)=211,57 %

PORCENTAJE (MAX.): (A)-(1)=258,80 %

Operación número 2:

EMPRESA	IBERDROLA (IBE)	
	Fecha	Precio
(2)COMPRA:	13-jul-09	3,93
(2')VENTA:	04-feb-10	4,41
(B)VENTA (MAX.):	18-sep-09	4,9

Los beneficios obtenidos al utilizar el sistema y los beneficios máximos que se podrían haber obtenido son:

BENEFICIO: (2')-(2)=4,41-3,93=0,48 u.m.

BENEFICIO (MAX.): (B)-(2)=4,9-3,93=0,97 u.m.

En términos porcentuales, los beneficios han sido:

PORCENTAJE: (2')-(2)=15,48 %

PORCENTAJE (MAX.): (B)-(2)=23,42 %

Operación número 3:

EMPRESA	IBERDROLA (IBE)	
	Fecha	Precio
(3)COMPRA:	01-oct-12	3,08
(3')VENTA:	EN CURSO	
(C)VENTA (MAX.):	29-ene-15	6,18

Los beneficios obtenidos al utilizar el sistema y los beneficios máximos que se podrían haber obtenido son:

BENEFICIO: (3')-(3)=EN CURSO

BENEFICIO (MAX.): (C)-(3)=6,18-3,08=3,1 u.m.

En términos porcentuales, los beneficios han sido:

PORCENTAJE: (3')-(3)=EN CURSO

PORCENTAJE (MAX.): (C)-(3)=100,65 %

- Aplicación del "sistema" utilizando una media móvil de 190 sesiones (línea gris) en el *gráfico semanal de precios* (línea negra escalonada).

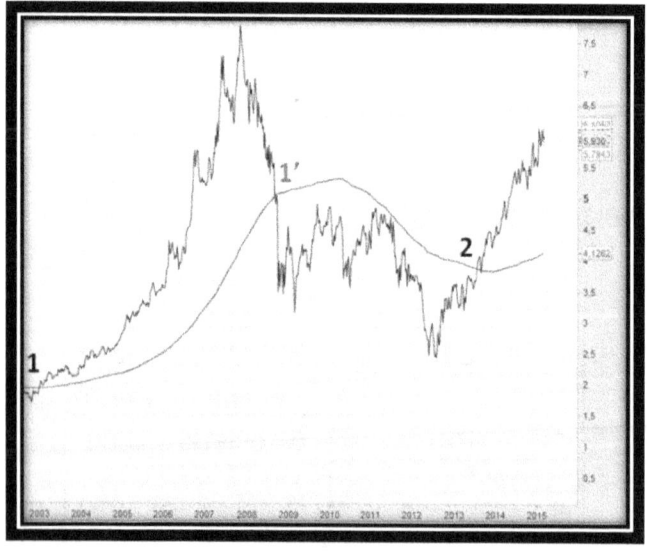

Operación número 1:

EMPRESA	IBERDROLA (IBE)	
	Fecha	Precio
(1)COMPRA:	16-dic-02	1,91
(1')VENTA:	15-sep-08	5,03
(A)VENTA (MAX.):	19-nov-07	7,44

Los beneficios obtenidos al utilizar el sistema y los beneficios máximos que se podrían haber obtenido son:

BENEFICIO:(1')-(1)=5,03-1,91=3,12 u.m.

BENEFICIO (MAX.): (A)-(1)=7,44-1,91=5,53 u.m.

En términos porcentuales, los beneficios han sido:

PORCENTAJE: (1')-(1)=163,35 %

PORCENTAJE (MAX.): (A)-(1)=289,53 %

Operación número 2:

EMPRESA	IBERDROLA (IBE)	
	Fecha	Precio
(2)COMPRA:	02-sep-13	3,83
(2')VENTA:	EN CURSO	
(B)VENTA (MAX.):	26-ene-15	6,24

Los beneficios obtenidos al utilizar el sistema y los beneficios máximos que se podrían haber obtenido son:

BENEFICIO: (2')-(2)=EN CURSO

BENEFICIO (MAX.): (B)-(2)=6,24-3,83=2,41 u.m.

En términos porcentuales, los beneficios han sido:

PORCENTAJE: (2')-(2)=EN CURSO

PORCENTAJE (MAX.):(B)-(2)=62,92 %

En la empresa ATRESMEDIA (A3M) - ESPAÑA

- Aplicación del "sistema" utilizando una media móvil de 190 sesiones (línea gris) en el *gráfico diario de precios* (línea negra escalonada).

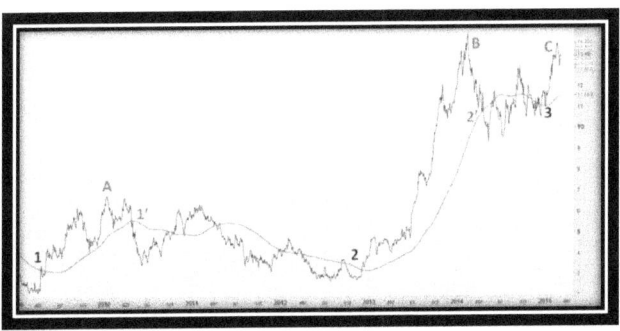

Operación número 1:

EMPRESA	ATRESMEDIA (A3M)	
	Fecha	Precio
(1)COMPRA:	30-abr-09	3,29
(1')VENTA:	28-abr-10	5,65
(A)VENTA (MAX.):	12-ene-10	6,75

Los beneficios obtenidos al utilizar el sistema y los beneficios máximos que se podrían haber obtenido son:

BENEFICIO: (1')-(1)=5,65-3,29=2,36 u.m.

BENEFICIO (MAX.):(A)-(1)=6,75-3,29=3,46 u.m.

En términos porcentuales, los beneficios han sido:

PORCENTAJE: (1')-(1)=71,73 %

PORCENTAJE (MAX.): (A)-(1)=105,17 %

Operación número 2:

EMPRESA	ATRESMEDIA (A3M)	
	Fecha	Precio
(2)COMPRA:	28-nov-12	3,26
(2')VENTA:	25-abr-14	10,91
(B)VENTA (MAX.):	14-feb-14	14,4

Los beneficios obtenidos al utilizar el sistema y los beneficios máximos que se podrían haber obtenido son:

BENEFICIO: (2')-(2)=10,91-3,26=7,65 u.m.

BENEFICIO (MAX.):(B)-(2)=14,4-3,26=11,14 u.m.

En términos porcentuales, los beneficios han sido:

PORCENTAJE: (2')-(2)=234,66 %

PORCENTAJE (MAX.): (B)-(2)=341,72 %

Operación número 3:

EMPRESA	ATRESMEDIA (A3M)	
	Fecha	Precio
(3)COMPRA:	07-ene-15	11,07
(3')VENTA:	EN CURSO	
(C)VENTA (MAX.):	25-feb-15	13,99

Los beneficios obtenidos al utilizar el sistema y los beneficios máximos que se podrían haber obtenido son:

BENEFICIO: (3')-(3)=EN CURSO

BENEFICIO (MAX.): (C)-(3)=13,99-11,07=2,92 u.m.

En términos porcentuales, los beneficios han sido:

PORCENTAJE: (3')-(3)=EN CURSO

PORCENTAJE (MAX.): (C)-(3)=26,38 %

- Aplicación del "sistema" utilizando una media móvil de 190 sesiones (línea gris) en el *gráfico semanal de precios* (línea negra escalonada).

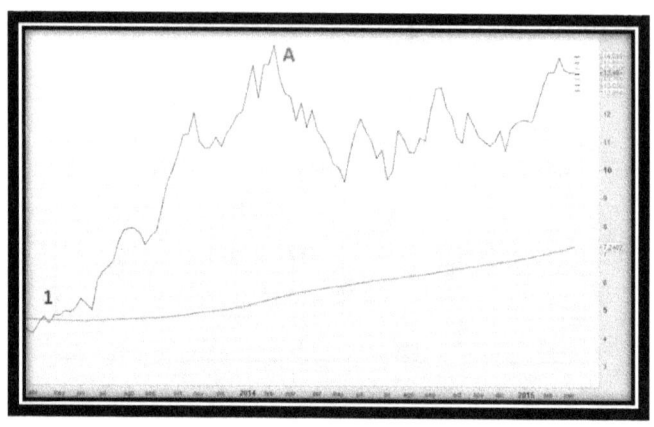

Operación número 1:

EMPRESA	ATRESMEDIA (A3M)	
	Fecha	Precio
(1)COMPRA:	22-abr-13	4,55
(1')VENTA:	EN CURSO	
(A)VENTA (MAX.):	10-feb-14	14,46

Los beneficios obtenidos al utilizar el sistema y los beneficios máximos que se podrían haber obtenido son:

BENEFICIO: (1')-(1)=EN CURSO

BENEFICIO (MAX.): (A)-(1)=14,46-4,55=9,91 u.m.

En términos porcentuales, los beneficios han sido:

PORCENTAJE: (1')-(1)=EN CURSO

PORCENTAJE (MAX.): (A)-(1)=217,80 %

En la empresa JAZZTEL (JAZ) - ESPAÑA

- Aplicación del "sistema" utilizando una media móvil de 500 sesiones (línea gris) en el *gráfico diario de precios* (línea negra escalonada).

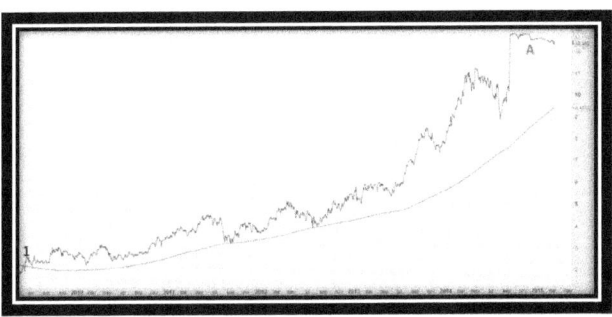

Operación número 1:

EMPRESA	JAZZTEL (JAZ)	
	Fecha	Precio
(1)COMPRA:	05-jun-09	2,28
(1')VENTA:	EN CURSO	
(A)VENTA (MAX.):	01-dic-14	12,78

Los beneficios obtenidos al utilizar el sistema y los beneficios máximos que se podrían haber obtenido son:

BENEFICIO: (1')-(1)=EN CURSO

BENEFICIO (MAX.): (A)-(1)=12,78-2,28=10,5 u.m.

En términos porcentuales, los beneficios han sido:

PORCENTAJE: (1')-(1)=EN CURSO

PORCENTAJE (MAX.): (A)-(1)=460,53 %

- Aplicación del "sistema" utilizando una media
  móvil de 500 sesiones (línea gris) en el
  gráfico semanal de precios (línea negra
  escalonada).

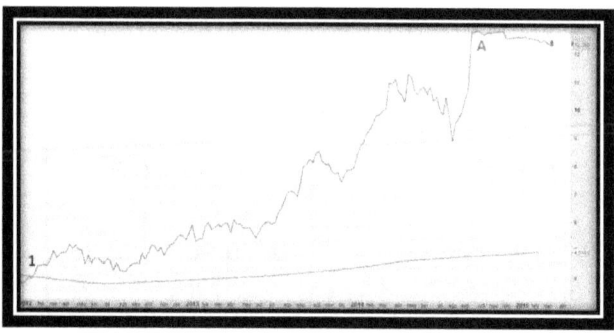

Operación número 1:

EMPRESA	JAZZTEL (JAZ)	
	Fecha	Precio
(1)COMPRA:	16-ene-12	3,98
(1')VENTA:	EN CURSO	
(A)VENTA (MAX.):	29-sep-14	12,82

Los beneficios obtenidos al utilizar el sistema y los beneficios máximos que se podrían haber obtenido son:

BENEFICIO: (1')-(1)=EN CURSO

BENEFICIO (MAX.): (A)-(1)=12,82-3,98=8,84 u.m.

En términos porcentuales, los beneficios han sido:

PORCENTAJE: (1')-(1)=EN CURSO

PORCENTAJE (MAX.): (A)-(1)=222,11 %

En la empresa BANKINTER (BKT) - ESPAÑA

- Aplicación del "sistema" utilizando una media móvil de 180 sesiones (línea gris) en el *gráfico diario de precios* (línea negra escalonada).

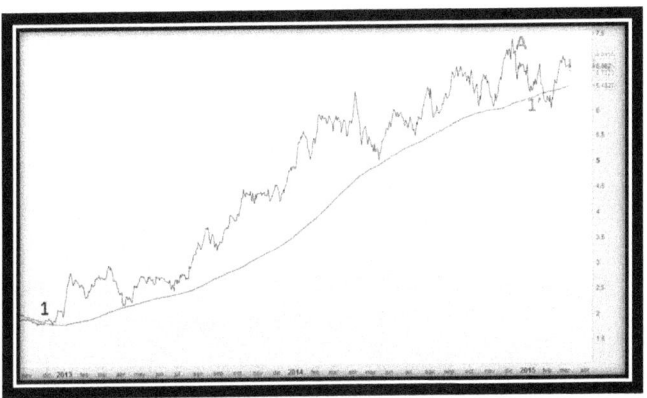

Operación número 1:

EMPRESA	BANKINTER (BKT)	
	Fecha	Precio
(1)COMPRA:	26-nov-12	1,92
(1')VENTA:	28-ene-15	6,35
(A)VENTA (MAX.):	09-dic-14	7,12

Los beneficios obtenidos al utilizar el sistema y los beneficios máximos que se podrían haber obtenido son:

BENEFICIO: (1')-(1)=6,35-1,92=4,43 u.m.

BENEFICIO (MAX.): (A)-(1)=7,12-1,92=5,2 u.m.

En términos porcentuales, los beneficios han sido:

PORCENTAJE: (1')-(1)=230,73 %

PORCENTAJE (MAX.): (A)-(1)= 270,83 %

- Aplicación del "sistema" utilizando una media móvil de 180 sesiones (línea gris) en el *gráfico semanal de precios* (línea negra escalonada).

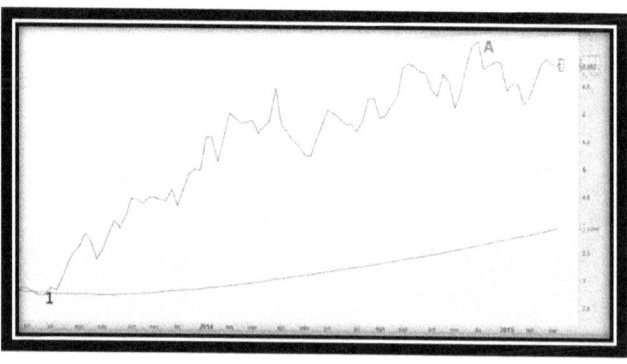

Operación número 1:

EMPRESA	BANKINTER (BKT)	
	Fecha	Precio
(1)COMPRA:	03-jun-13	2,69
(1')VENTA:	EN CURSO	
(A)VENTA (MAX.):	01-dic-14	7,28

Los beneficios obtenidos al utilizar el sistema y los beneficios máximos que se podrían haber obtenido son:

BENEFICIO: (1')-(1)=EN CURSO

BENEFICIO (MAX.): (A)-(1)=7,28-2,69=4,59 u.m.

En términos porcentuales, los beneficios han sido:

PORCENTAJE: (1')-(1)=EN CURSO

PORCENTAJE (MAX.): (A)-(1)=170,63 %

En la empresa GAMESA (GAM) - ESPAÑA

- Aplicación del "sistema" utilizando una media móvil de 220 sesiones (línea gris) en el *gráfico diario de precios* (línea negra escalonada).

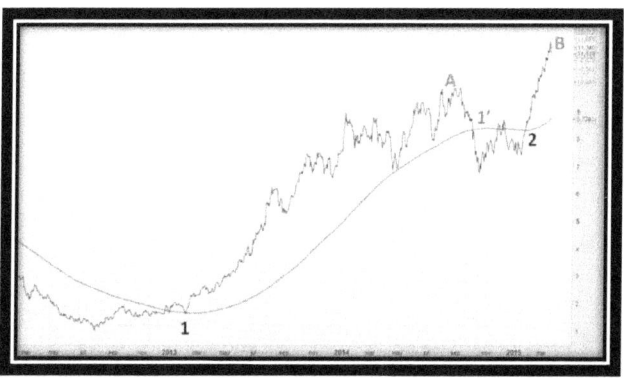

Operación número 1:

EMPRESA	GAMESA (GAM)	
	Fecha	Precio
(1)COMPRA:	06-feb-13	1,65
(1')VENTA:	01-oct-14	8,34
(A)VENTA (MAX.):	27-ago-14	9,87

Los beneficios obtenidos al utilizar el sistema y los beneficios máximos que se podrían haber obtenido son:

BENEFICIO: (1')-(1)=8,34-1,65=6,69 u.m.

BENEFICIO (MAX.): (A)-(1)=9,87-1,65=8,22 u.m.

En términos porcentuales, los beneficios han sido:

PORCENTAJE: (1')-(1)=405,45 %

PORCENTAJE (MAX.): (A)-(1)=498,18 %

Operación número 2:

EMPRESA	GAMESA (GAM)	
	Fecha	Precio
(2)COMPRA:	23-ene-15	8,31
(2')VENTA:	EN CURSO	
(B)VENTA (MAX.):	16-mar-15	11,57

Los beneficios obtenidos al utilizar el sistema y los beneficios máximos que se podrían haber obtenido son:

BENEFICIO: (2')-(2)=EN CURSO

BENEFICIO (MAX.): (B)-(2)=11,57-8,31=3,26 u.m.

En términos porcentuales, los beneficios han sido:

PORCENTAJE: (2')-(2)=EN CURSO

PORCENTAJE (MAX.): (B)-(2)=39,23 %

- Aplicación del "sistema" utilizando una media móvil de 80 sesiones (línea gris) en el *gráfico semanal de precios* (línea negra escalonada).

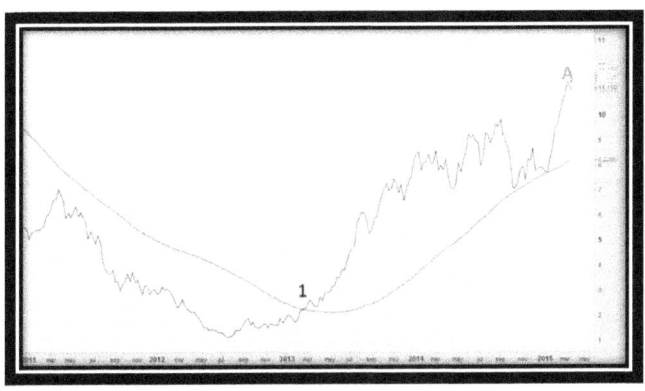

Operación número 1:

EMPRESA	GAMESA (GAM)	
	Fecha	Precio
(1)COMPRA:	18-feb-13	2,28
(1')VENTA:	EN CURSO	
(A)VENTA (MAX.):	09-mar-15	11,38

Los beneficios obtenidos al utilizar el sistema y los beneficios máximos que se podrían haber obtenido son:

BENEFICIO: (1')-(1)=EN CURSO

BENEFICIO (MAX.): (A)-(1)=11,38-2,28=9,1 u.m.

En términos porcentuales, los beneficios han sido:

PORCENTAJE: (1')-(1)=EN CURSO

PORCENTAJE (MAX.): (A)-(1)=399,12 %

En la empresa ELEKTA AB ChiX (EKTAB_SS) - CHILE

- Aplicación del "sistema" utilizando una media móvil de 300 sesiones (línea gris) en el _gráfico diario de precios_ (línea negra escalonada).

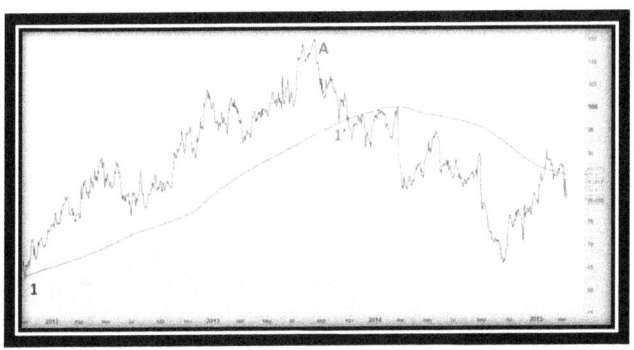

Operación número 1:

EMPRESA	ELEKTA AB (EKTAB_SS)	
	Fecha	Precio
(1)COMPRA:	02-nov-11	63,88
(1')VENTA:	28-oct-13	97,82
(A)VENTA (MAX.):	19-ago-13	113,9

Los beneficios obtenidos al utilizar el sistema y los beneficios máximos que se podrían haber obtenido son:

BENEFICIO: (1')-(1)=97,82-63,88=33,94 u.m.

BENEFICIO (MAX.):(A)-(1)=113,9-63,88=50,02 u.m.

En términos porcentuales, los beneficios han sido:

PORCENTAJE: (1')-(1)=53,13 %

PORCENTAJE (MAX.): (A)-(1)=78,30 %

- Aplicación del "sistema" utilizando una media móvil de 60 sesiones (línea gris) en el *gráfico semanal de precios* (línea negra escalonada).

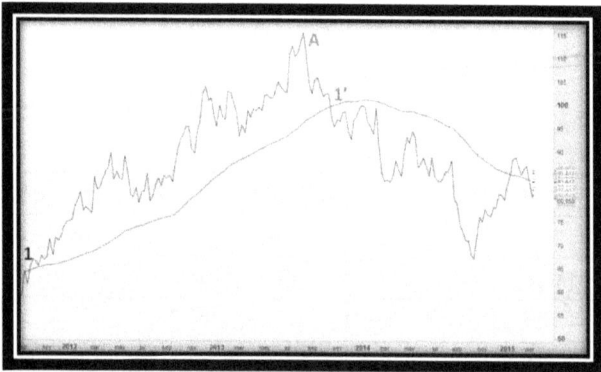

Operación número 1:

EMPRESA	ELEKTA AB (EKTAB_SS)	
	Fecha	Precio
(1)COMPRA:	26-sep-11	64,2
(1')VENTA:	14-oct-13	99,38
(A)VENTA (MAX.):	12-ago-13	115,8

Los beneficios obtenidos al utilizar el sistema y los beneficios máximos que se podrían haber obtenido son:

BENEFICIO: (1')-(1)=99,38-64,2=35,18 u.m.

BENEFICIO (MAX.): (A)-(1)=115,8-64,2=51,6 u.m.

En términos porcentuales, los beneficios han sido:

PORCENTAJE: (1')-(1)= 54,80 %

PORCENTAJE MAX.: (A)-(1)=80,37 %

En la empresa ALFA LAVAL AB ChiX (ALFA_SS) - CHILE

- Aplicación del "sistema" utilizando una media móvil de 250 sesiones (línea gris) en el *gráfico diario de precios* (línea negra escalonada).

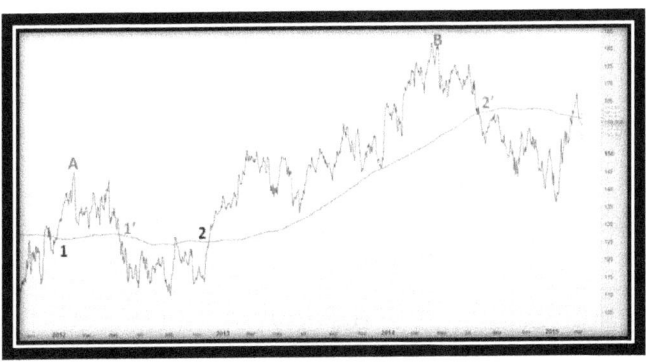

Operación número 1:

EMPRESA	ALFA LAVAL AB (ALFA_ss)	
	Fecha	Precio
(1)COMPRA:	27-dic-11	127,4
(1')VENTA:	14-may-12	128,17
(A)VENTA (MAX.):	03-feb-12	146

Los beneficios obtenidos al utilizar el sistema y los beneficios máximos que se podrían haber obtenido son:

BENEFICIO: (1')-(1)=128,17-127,4=0,77 u.m.

BENEFICIO (MAX.): (A)-(1)=146-127,4=18,6 u.m.

En términos porcentuales, los beneficios han sido:

PORCENTAJE: (1')-(1)=0,60 %

PORCENTAJE (MAX.): (A)-(1)=14,60 %

Operación número 2:

EMPRESA	ALFA LAVAL AB (ALFA_ss)	
	Fecha	Precio
(2)COMPRA:	26-nov-12	125,92
(2')VENTA:	23-jul-14	161,78
(B)VENTA (MAX.):	09-abr-14	181,8

Los beneficios obtenidos al utilizar el sistema y los beneficios máximos que se podrían haber obtenido son:

BENEFICIO: (2')-(2)=161,78-125,9=35,86 u.m.

BENEFICIO (MAX.):(B)-(2)=181,8-125,9=55,88 u.m.

En términos porcentuales, los beneficios han sido:

PORCENTAJE: (2')-(2)= 28,48 %

PORCENTAJE (MAX.): (B)-(2)=44,38 %

En la empresa ENDESA SA ChiX (ELE_SQ)-CHILE

- Aplicación del "sistema" utilizando una media móvil de 300 sesiones (línea gris) en el *gráfico diario de precios* (línea negra escalonada).

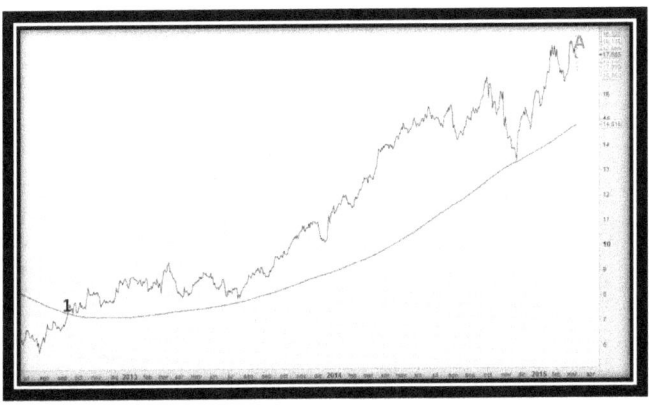

Operación número 1:

EMPRESA	ENDESA SA (ELE_SQ)	
	Fecha	Precio
(1)COMPRA:	11-sep-12	7,38
(1')VENTA:	EN CURSO	
(A)VENTA (MAX.):	02-mar-15	18,07

Los beneficios obtenidos al utilizar el sistema y los beneficios máximos que se podrían haber obtenido son:

BENEFICIO: (1')-(1)=EN CURSO

BENEFICIO (MAX.): (A)-(1)=18,07-7,38=10,69 u.m.

En términos porcentuales, los beneficios han sido:

PORCENTAJE: (1')-(1)=EN CURSO

PORCENTAJE (MAX.): (A)-(1)=144,85 %

16. PERMITE QUE TU DINERO TRABAJE POR TI

Como resumen, has podido comprobar en este libro mediante los ejemplos de empresas reales que se han mostrado y analizado anteriormente, que con el conocimiento de este sencillo "sistema" y siendo implementado de una forma adecuada en los ejemplos mostrados, se habrían podido obtener unos estupendos beneficios reales.

Ahora que ya conoces esta herramienta y cómo se utiliza el "sistema", es cuestión de que TÚ decidas si estás preparado para utilizarlo o seguir estudiando más sobre el "mundo de la Bolsa".

Así mismo, si estás interesado en conocer los excelentes beneficios que se han obtenido utilizando este mismo "sistema" en otros ejemplos de empresas de Europa, empresas de Estados Unidos y empresas de Rusia, es interesante que veas los ejemplos de casos reales que se han utilizado en los otros dos libros "**WINNER OR LOSER:** Everything you need to know to invest in International Stock Exchange... and something else" y "**ПОБЕДИТЕЛЬ ИЛИ НЕУДАЧНИК:** все, что Вам нужно знать о том, как инвестировать в Международные Фондовые Биржи... и еще кое-что".

Deseo que haya sido de interés y de gran ayuda los conocimientos adquiridos en este libro pudiendo haber ampliado tus conocimientos de otras posibles alternativas de inversión o para mejorar tus inversiones futuras.

Y esto es todo, como habéis podido comprobar, el sistema funciona y es muy sencillo de aplicar. Ahora sólo depende de TÍ seguir aprendiendo un poco más.

A partir de aquí todo está en tus manos... TÚ eliges si seguir dejándote asesorar por otras personas y que manejen tu dinero por ti, o ser TÚ quien tomes tus propias decisiones.

17. AGRADECIMIENTOS

Empezaré con una pregunta sobre el título de este libro: ¿Ganador o perdedor?

Me siento GANADOR, no sólo por el hecho de participar en el "mundo de la Bolsa", sino que además, me siento GANADOR por tener unos estupendos padres, familia, amigos, compañeros y sobretodo también, me siento GANADOR y feliz por no estar sentado viendo pasar la vida, es decir, por ser y poder formar parte activamente participando en la vida. Por ello, espero haber contribuido, con la publicación de este libro y los otros dos libros "**WINNER OR LOSER:** Everything you need to know to invest in International Stock Exchange... and something else" y "**ПОБЕДИТЕЛЬ ИЛИ НЕУДАЧНИК:** все, что Вам нужно знать о том, как инвестировать в Международные Фондовые Биржи... и еще кое-что", a que muchas más personas sean GANADORES y entiendan un poquito mejor cómo funciona el mundo de la Bolsa, puesto que no sólo el dinero da la felicidad. De hecho, COMPARTE Y VIVE LA VIDA. No obstante, como ya he reiterado en varias ocasiones, la última decisión está en TI.

Mi especial agradecimiento a todas las personas que en todo momento, me han ayudado, apoyado, acompañado, colaborado y participado en este proyecto.

Gracias a vosotros realmente se ha conseguido que se haga realidad aquel sueño que un día tenía en mente y que se ha podido realizar y plasmar a través de este libro y los otros dos libros "**WINNER OR LOSER:** Everything you need to know to invest in International Stock Exchange... and something else" y "**ПОБЕДИТЕЛЬ ИЛИ НЕУДАЧНИК:** все, что Вам нужно знать о том, как инвестировать в Международные Фондовые Биржи... и еще кое-что".

Sin duda alguna, es de agradecer, especialmente, la labor desempeñada, el esfuerzo y el tiempo dedicado, a las personas que han colaborado en el libro "**ПОБЕДИТЕЛЬ ИЛИ НЕУДАЧНИК:** все, что Вам нужно знать о том, как инвестировать в Международные Фондовые Биржи... и еще кое-что".

Y por supuesto, muchas gracias a TI por haber leído este libro y por el tiempo compartido.

Recuerda: La vida no es sólo Bolsa y para tener una vida perfecta es fundamental encontrar el equilibrio entre la salud, el amor y el dinero.

No obstante, siempre estaré agradecido y será un placer la posibilidad de poder participar activamente en otros proyectos, conferencias, seminarios o eventos en el que podamos transmitir éste u otros sistemas de inversión o de ahorro y donde se ofrezca la difusión y conocimiento de la "educación financiera", así

mismo como desarrollar y compartir nuevas ideas y se ofrezca la oportunidad de permitir que tú dinero trabaje por ti.

Podremos estar en continuo contacto a través de Facebook:

http://www.facebook.com/rufino.villen

Una vez más MUCHAS GRACIAS.

18. OTRAS PUBLICACIONES DEL AUTOR

- **TOP SECRET: S&P 500** (Operando con medias móviles) - (2017) – Idioma: castellano – Autor: Rufino Villén Fernández.

- **TOP SECRET: CAC 40** (Operando con medias móviles) - (2017) – Idioma: castellano – Autor: Rufino Villén Fernández.

- **TOP SECRET: DAX 30** (Operando con medias móviles) - (2016) – Idioma: castellano – Autor: Rufino Villén Fernández.

- **TOP SECRET: IBEX 35** (Operando con medias móviles) - (2016) – Idioma: castellano – Autor: Rufino Villén Fernández.

- **GANADOR O PERDEDOR:** La clave del éxito… y algo más - (2016) – Idioma: castellano – Autor: Rufino Villén Fernández.

- "**WINNER OR LOSER:** Everything you need to know to invest in International Stock Exchange… and something else (2015) – Idioma: inglés – Autor: Rufino Villén Fernández.

- **ПОБЕДИТЕЛЬ ИЛИ НЕУДАЧНИК:** все, что Вам нужно знать о том, как инвестировать в Международные Фондовые Биржи… и еще кое-что (2015) – Idioma: ruso – Autor: Rufino Villén Fernández.

www.ingramcontent.com/pod-product-compliance
Lightning Source LLC
Chambersburg PA
CBHW070818180526
45168CB00002B/670